JUNTO A CHE GUEVARA

ENTREVISTAS A

Harry Villegas (Pombo)

PATHFINDER
NEW YORK   LONDON   MONTREAL   SYDNEY

PORTADA: Ernesto Che Guevara (frente al mapa) con algunos de los 128 combatientes internacionalistas cubanos en el Congo, 1965. Che dio clases diarias sobre diversos temas desde tácticas de guerrilla hasta francés (*Granma*).

CONTRAPORTADA: Harry Villegas, 1995 (Luis Madrid/*Militant*).

DISEÑO DE LA PORTADA: *Eva Braiman*

'He hecho lo normal para un revolucionario' se reproduce con permiso de la Agencia de Información Nacional (AIN) de Cuba.

ISBN 978-0-87348-856-3
Número de Control de la Biblioteca del Congreso
(Library of Congress Control Number) 2009926497

Impreso y hecho en Canadá
Manufactured in Canada

Primera edición, 1997
Decimoquinta impresión, 2024

PATHFINDER
www.pathfinderpress.com
Correo electrónico: pathfinder@pathfinderpress.com

ENTRE LOS TÍTULOS DE ESTA SERIE

EDITADOS Y CON INTRODUCCIONES POR MARY-ALICE WATERS

Nuestra historia aún se está escribiendo
Armando Choy, Gustavo Chui, Moisés Sío Wong (2017, 2005)

Cuba y Angola: La guerra por la libertad
Harry Villegas (2017)

"Son los pobres quienes enfrentan el salvajismo del sistema de 'justicia' en EE.UU."
Los Cinco Cubanos hablan sobre su vida en la clase trabajadora norteamericana (2016)

Absolved by Solidarity/Absueltos por la Solidaridad
Antonio Guerrero (2015)

Voces desde la cárcel: Los Cinco Cubanos
Rafael Cancel Miranda, Gerardo Hernández, Ramón Labañino y otros (2014)

Las mujeres en Cuba: Haciendo una revolución dentro de la revolución
Vilma Espín, Asela de los Santos, Yolanda Ferrer (2012)

El capitalismo y la transformación de África
Mary-Alice Waters, Martín Koppel (2009)

Cuba y la revolución norteamericana que viene
Jack Barnes (2007)

La Primera y Segunda Declaración de La Habana
(2007)

Marianas en combate
Teté Puebla (2003)

De la sierra del Escambray al Congo
Víctor Dreke (2002)

Playa Girón/Bahía de Cochinos
Fidel Castro y José Ramón Fernández (2001)

Che Guevara habla a la juventud
(2000)

Haciendo historia
Entrevistas con cuatro generales cubanos (1999)

Pombo: A Man of Che's *guerrilla*
Harry Villegas (1997)

¡Qué lejos hemos llegado los esclavos!
Nelson Mandela y Fidel Castro (1991)

CONTENIDO

El ejemplo del Che concretizó nuestro concepto de internacionalismo

ENTREVISTA POR
MARY-ALICE WATERS Y LUIS MADRID

CUANDO SE ENCONTRÓ por primera vez con Ernesto Che Guevara en 1957, en la Sierra Maestra al oriente de Cuba, "el Che ya era una leyenda", nos dijo Harry Villegas. "El Che ya era una figura que se conocía en las inmediaciones de la Sierra como el comandante argentino que estaba peleando junto a Fidel: que era admirado y respetado, tanto por los campesinos como por todos los guerrilleros, porque era muy recto, muy aguerrido, muy audaz, muy humano". Villegas tenía 17 años cuando se unió como voluntario a las filas del pequeño Ejército Rebelde dirigido por Fidel Cas-

---

Esta entrevista la condujeron Mary-Alice Waters y Luis Madrid el 23 de junio de 1995 en La Habana, Cuba. Fue publicada originalmente en el número de diciembre de 1995 de *Perspectiva Mundial*. Waters es la directora de la revista marxista *New International,* así como de las ediciones en inglés de la editorial Pathfinder de los libros *Pombo: Un hombre de la guerrilla del Che, El diario del Che en Bolivia, Pasajes de la guerra revolucionaria cubana,* estos dos últimos por Ernesto Che Guevara, y *Cosmetics, Fashions, and the Exploitation of Women* (Los cosméticos, la moda y la explotación de la mujer), entre otros. Madrid es miembro de la redacción de la editorial Pathfinder, y redactor de *El socialismo y el hombre en Cuba* por Ernesto Che Guevara y *La última lucha de Lenin.*

tro. Unos meses más tarde ese ejército conduciría una insurrección popular que derrocó a la odiada dictadura de Fulgencio Batista y abrió las puertas a la primera revolución socialista en las Américas.

Villegas es hoy general de brigada en las Fuerzas Armadas Revolucionarias de Cuba, veterano de tres misiones internacionalistas en Angola entre 1975 y 1990, entre las que se incluye su participación en la histórica derrota de las fuerzas invasoras sudafricanas en la batalla de Cuito Cuanavale en 1988. Dirige la sección política del Ejército Occidental de Cuba.

No obstante, alrededor del mundo Villegas es mucho mejor conocido como Pombo, nombre de guerra que originalmente le dio Che en 1965 cuando formó parte del Estado Mayor de las fuerzas guerrilleras que pelearon junto a Guevara en el Congo. Villegas lo siguió usando en las montañas de Bolivia de 1966 a 1967 y más tarde en Angola. Luego que las fuerzas especiales bolivianas organizadas por la CIA capturaran y asesinaran a Guevara, Pombo encabezó el grupo de seis guerrilleros sobrevivientes —tres cubanos y tres bolivianos— logrando eludir el cerco militar y la intensa cacería humana que montó el régimen durante muchas semanas. Después de casi cinco increíbles meses, los tres cubanos se abrieron paso hasta cruzar la frontera con Chile, desde donde retornaron a Cuba.

Después que en 1994 Pathfinder publicara una nueva edición en inglés de *El diario del Che en Bolivia,* hicimos arreglos para conversar con Villegas tanto sobre la campaña boliviana como sobre otras luchas en las que participó al lado de Guevara. En esa nueva edición se incluyen fragmentos del propio diario de Pombo y recuentos que hizo con posterioridad a la campaña de Bolivia.

En febrero de 1996, la editorial cubana Editora Política publicará en su totalidad el diario boliviano de Pombo, bajo el título *Pombo: Un hombre de la guerrilla del Che* (editado en inglés por Pathfinder en junio de 1997). El libro incluye documentos inéditos de la campaña boliviana nunca antes dados a publicación, así como el propio relato de Pombo de los meses inmediatamente previos y posteriores a la muerte de Che, basado en el diario que Villegas mantuvo de forma meticulosa.

El joven comandante argentino "recto, aguerrido y audaz" a quien Villegas conoció 38 años atrás en la Sierra Maestra, había de convertirse en uno de los líderes centrales de la revolución cubana, conocido y respetado no solo en Cuba sino a nivel internacional, como uno de los comunistas más destacados del siglo veinte. Por más de una década ocuparía un lugar cada vez más clave en las luchas mediante las que los obreros y campesinos de Cuba, además de transformarse a sí mismos, iban transformando su sociedad. Fueron millones los que se movilizaron para expropiar los intereses del imperialismo norteamericano y de la clase propietaria de Cuba, rompiendo así con el dominio del capital. Al hacerlo, además, iniciaron la revolución socialista en las Américas.

Villegas, el décimo y último hijo de una familia que vivía en las faldas de la Sierra, fue uno de los primeros reclutas de la lucha revolucionaria encaminada a derrocar a la odiada dictadura militar de Fulgencio Batista. Su padre era carpintero; su madre, que tenía dos tiendas y una panadería en los pueblos de Yara y Palma, logró ahorrar lo suficiente para conseguir que Harry pudiese asistir a la escuela.

En diciembre de 1956, una pequeña fuerza revolucionaria dirigida por Fidel Castro desembarcó en las costas de la provincia de Oriente en Cuba. Castro ya era una figura política reconocida en Cuba. Había sido líder estudiantil en la Universidad de La Habana, líder de la juventud del opositor Partido Ortodoxo a partir de fines de los años cuarenta, y uno de los candidatos del partido para la cámara de representantes antes de que Batista diera el golpe militar el 10 de marzo de 1952. Poco más de un año más tarde, Castro pasó a ocupar un lugar prominente tanto en Cuba como a nivel internacional, al organizar un asalto contra el Cuartel Moncada en Santiago de Cuba el 26 de Julio de 1953.[1]

Excarcelados en virtud de una creciente campaña popular a favor de la amnistía, Castro y otros veteranos del asalto al Moncada fundaron el Movimiento Revolucionario 26 de Julio, y desde México organizaron una expedición de 82 combatientes que, con relativamente pocas armas, retornó a Cuba a bordo del yate *Granma.* Fueron devastados durante el primer enfrentamiento con las tropas gubernamentales a los pocos días del desembarco. Los que sobrevivieron y pelearon evitando ser capturados —20 en total— se reagruparon y dieron inicio a las operaciones guerrilleras en la Sierra Maestra a comienzos de 1957.[2]

Por todo Oriente y el resto de Cuba, rápidamente se corrió la voz de que el Movimiento 26 de Julio había lanzado

---

1. Unos 160 combatientes participaron en los ataques simultáneos a los cuarteles de Santiago de Cuba y de la cercana ciudad de Bayamo, lanzando la lucha revolucionaria popular para derrocar a la dictadura batistiana. Los ataques fracasaron, y más de 50 revolucionarios fueron capturados, brutalmente torturados y asesinados; 28 fueron procesados, entre ellos Fidel Castro, recibiendo condenas de hasta 15 años de cárcel.

2. Para más información sobre el desarrollo de la guerra revolucionaria cubana, ver Ernesto Che Guevara, *Pasajes de la guerra revolucionaria, Cuba 1956–1959* (La Habana: Editora Política, 1997), edición anotada.

una insurrección armada contra la dictadura de Batista, y que Castro se encontraba en la Sierra a la cabeza de un ejército rebelde. La noticia tuvo un gran impacto en Harry Villegas, el estudiante de Manzanillo que contaba entonces con 16 años de edad. Se unió al movimiento, integrándose a una célula clandestina de acción y sabotaje en la ciudad. Al poco tiempo, participaba en acciones guerrilleras en el cercano valle del Cauto.

"Aquí tuvimos dos escaramuzas con el ejército", recordó Villegas. En la segunda "salimos a la carretera y atacamos a los soldados; les hicimos unas cuantas bajas". La unidad del ejército contraatacó y cercó a los combatientes. Tras romper el cerco se vieron obligados a subir a la Sierra, donde establecieron contacto con un destacamento comandado por Idelfredo "Chino" Figueredo, que era parte de la columna del Che.

Guevara se había incorporado al Movimiento 26 de Julio a mediados de 1955 en México. Dos años antes, Che —como le apodaron sus compañeros cubanos— se había recibido de doctor en Argentina. Después de viajar durante meses por Sudamérica se vio atraído a Guatemala, donde se agudizaba una lucha contra los intentos de Washington de revertir las medidas de reforma agraria iniciadas por el gobierno de Jacobo Arbenz. Este fue derrocado mediante la intervención estadounidense y Che escapó a México. Allí conoció a Fidel Castro, y se incorporó a la expedición del *Granma* como el médico de la tropa. Che era el tercer miembro confirmado de la expedición que Castro aceptaba; Raúl Castro había sido el segundo. La combatividad de Guevara, su valor y dotes de líder rápidamente le merecieron el respeto de sus compañeros de combate; fue el primero de los combatientes en ser ascendido por Castro al rango de comandante.

Fue cuando se hallaba con el pelotón de Figueredo, dijo

Villegas, que se encontró con Che por primera vez.

“Che viene en su mulo, solo, con esa gorrita virada. Para nosotros fue una impresión extraordinaria. El primer encuentro que tuvimos con él fue agudo; nos increpó. Nos dijo que a qué íbamos a la Sierra Maestra, era una cosa bien característica de él: ‘¿A qué vienen ustedes aquí? ¿Qué vienen a hacer?’

“Le respondimos: ‘Venimos a luchar por la independencia de Cuba, a luchar contra la tiranía’.

“‘¿Con qué?’ —nos dijo—.

“Le mostré la escopetica .22 de un solo tiro que tenía. Che dijo, ‘¿Con *éso* ustedes piensan derrotar a la tiranía? No, no, no, no, ustedes están equivocados. Tienen que bajar y desarmar a unos soldados’”.

Villegas contó cómo retornaron al pueblo para tenderles emboscadas y desarmar a algunos soldados pero que fueron denunciados por un soplón, fallando en su misión. A los pocos días regresaron a la Sierra, aunque mejor armados que antes porque habían persuadido a algunos campesinos para que les dieran sus revólveres y escopetas.

“A partir de ese momento Che nos aceptó”, siguió Villegas. “Dijo que no habíamos cumplido, pero que se había visto nuestra decisión de combatir.

“A mí y a otro compañero nos dejó en el pelotón de la comandancia, allí comenzamos con lo más elemental de la guerrilla, que era ser mensajero, cargar mochilas, todas esas cosas, hasta que fuimos adquiriendo experiencia. Así estuvimos integrándonos en el Ejército Rebelde”.

Lectura, estudio, trabajo, lucha

“Pasamos a ser parte de su escolta. Entonces nos lleva con él cuando Fidel lo designa jefe de la primera escuela militar en Cuba revolucionaria”, prosiguió Villegas. La es-

CONSEJO DE ESTADO, OFICINA DE ASUNTOS HISTORICOS

El inicio de la insurrección armada contra la dictadura de Batista, respaldada por Washington, tuvo un gran impacto en los jóvenes por todo Cuba, dijo Harry Villegas, quien se unió al Ejército Rebelde cuando tenía 17 años.

Arriba: Fidel Castro, quien comandó el Ejército Rebelde, se dirige a un grupo de campesinos en la Sierra Maestra, 1958. *Abajo:* Ernesto Che Guevara con miembros de su columna luego de la liberación de la ciudad de Fomento, diciembre de 1958, a medida que se acercaba la victoria revolucionaria sobre la dictadura batistiana. Desde la izquierda, Hermes Peña, Mongo Martínez, Guevara, Jesús Parra, Sobeida Rodríguez, Víctor Bordón y José Ramón Silva.

cuela para reclutas, establecida en Minas del Frío en abril de 1958, suponía un trabajo enorme. Además de pasar la preparación y recibir la instrucción, los primeros reclutas tuvieron que realizar la labor de construcción de las instalaciones necesarias. "Pensábamos construir tres barracas grandes, una que sería la escuela, en otra se quería crear un hospital. Eso determinaba que había que hacer un trabajo gigantesco porque había que ir a cortar la madera y había que subirla al hombro por todas las lomas. Y, además de eso, teníamos todo el proceso de instrucción".

En aquel entonces, recordó Villegas, la escuela contaba con dos instructores. "El instructor nuestro era un americano, se llamaba Herman Mark. Era bastante fuerte, veterano de la guerra de Corea. Había otro, Evelio Laferté, que era un cadete, un primer teniente. Lo habíamos hecho prisionero, parece, en el segundo combate de Pino del Agua. Esto era también un rasgo de la revolución nuestra, de cómo fue captando gente del mismo ejército".

La autoridad que Che tenía sobre aquellos que combatían bajo su mando crecía con el correr del tiempo, subrayó Villegas. El internacionalismo de Guevara sentaba un ejemplo que impresionaba a todo el mundo. "Imagínense, ver a un hombre que no es de este país, venir a ofrendar la vida por nuestra patria. Un hombre capaz de esa actitud, es un hombre que tiene una dimensión humana extraordinaria".

Durante las guerras independentistas cubanas de 1868–78 y 1895–98 contra el dominio colonial español, muchos que no eran cubanos se habían unido a la lucha. "Para nosotros, en aquellos momentos, eran los extranjeros que venían a luchar con nosotros", comentó Villegas. "Hoy, cuando hemos profundizado un poco más en este concepto, entendemos que es una manifestación del internacionalismo. En ese entonces, veíamos en el Che un símil de Máximo Gómez, que era la figura más destacada de todos los internacionalistas de los que recibimos ayuda". Oriundo de Santo Domingo (la actual República Dominicana), Gómez emigró a Cuba, y fue comandante en jefe de los ejércitos libertarios durante las guerras de independencia. "En el Che veíamos realmente una figura similar a ese Gómez que era nuestro", indicó Pombo. Porque si bien Che no había vivido antes en Cuba, "también había venido a ayudarnos, a compartir con nosotros las vicisitudes y los peligros de la lucha".

"El Che era un amante de la historia", apuntó Pombo, "un lector incansable, un estudioso incansable. Lo primero que hizo el Che fue tratar de que estudiáramos. ¿Entienden? Lo *primero* que hizo fue eso. Le gustaba rodearse de jóvenes y hacer que nos superáramos".

"Aprendíamos matemáticas, español, táctica, guerrilla, hacíamos lectura de novelas. El método que se aplicaba era un tipo de lectura comentada.

"Entonces, íbamos viendo un conjunto de aristas de la historia nuestra, pero fundamentalmente íbamos buscando la necesidad de la unidad ante la agresión que el imperialismo nos hacía en aquellos momentos ya nacientes", señaló Pombo, pasando a explicar la importancia que le dieron al estudio de las guerras revolucionarias de 1868 y 1895 contra el dominio colonial español y a los escritos de José Martí.[3] "Fidel fue capaz de ir llevando a muchos de

3. José Martí (1853–95)—reconocido poeta, escritor, orador y periodista, fundó el Partido Revolucionario Cubano para combatir el dominio colonial español y oponer resistencia a los designios de Washington hacia Cuba. Lanzó la guerra de independencia en 1895 y cayó en combate. Su programa antiimperialista forma parte del legado político internacional de la revolución cubana.

los grupos que combatían, a organizaciones revolucionarias, a integrarse en una idea única, que garantizara también una acción única. El Che buscaba esto en la historia de Cuba, la analizaba y sobre ella nos iba guiando: en la importancia de este fenómeno, algo que en aquellos tiempos nosotros no entendíamos. Ahora realmente lo entendemos con más profundidad".

Fue este el proceso, explicó Pombo, a través del que "realmente comenzamos a forjarnos como guerrilleros. Todavía no habíamos tenido el bautizo de fuego. Habíamos combatido allá abajo, pero bajo la dirección del Che no habíamos podido combatir".

Ese bautizo de fuego vendría a los pocos meses, en julio de 1958, cuando Pombo y otros combatientes participaron en las batallas que frustraron la ofensiva militar final del régimen de Batista, cuyo fin era derrotar a la guerrilla en la Sierra. Luego, a comienzos de septiembre, Villegas se integró a la marcha a occidente de la Columna no. 8 del Ejército Rebelde, bajo el comando de Guevara, la cual culminó el Año Nuevo con la victoria sobre las fuerzas gubernamentales en Santa Clara —la tercera ciudad más importante de Cuba—, con la huelga general a nivel nacional y con la victoriosa insurrección revolucionaria la primera semana de enero de 1959.

La campaña de Bolivia

Pasamos luego a conversar sobre la lucha guerrillera en Bolivia, en la que Pombo acompañó a Che casi una década más tarde. Por 11 meses, hasta que en octubre de 1967 fue herido, capturado y ejecutado por fuerzas militares organizadas por la CIA, Guevara había conducido a unos 40 combatientes en Bolivia, intentando forjar el núcleo de un movimiento guerrillero que pudiera derrocar a la dictadura militar en ese país y preparara el terreno para ahondar la lucha anticapitalista por toda América Latina.

Durante toda esta campaña, Pombo fue uno de sus cuadros centrales.

Villegas comentó que tampoco en Bolivia cesó Che de presionar a los que trabajaban con él y a quienes dirigía para que estudiaran y ampliaran su visión cultural. Los combatientes en Bolivia crearon una biblioteca de más de 300 libros y establecieron un sistema a través del cual cada uno portaba varios libros en su mochila, los leía, y luego se los pasaba a otro combatiente.[4]

"En el Che la superación cultural de los combatientes era una constante", explicó Villegas. "Veía en los combatientes a los futuros dirigentes. En su concepción de dirección, la guerrilla es una escuela forjadora de revolucionarios, de dirigentes. Justamente las condiciones adversas, el contacto con un medio en donde está la miseria —como es el medio del campesinado— lleva al hombre a que tome una conciencia más profunda de la necesidad de una obra revolucionaria; a un hombre consciente, a un hombre humano, a un hombre humanista, de la necesidad de transformar esa sociedad. Y allí surge este hombre con este aval ideológico como la base.

"El Che busca que el hombre tenga la madera. Después se le puede echar el contenido, como dice Fidel". Pombo su-

4. Para leer más sobre la educación política dentro de la unidad guerrillera en Bolivia, ver el recuento de Pombo publicado bajo el título "Sobre la batalla de los guerrilleros por la cultura" en la edición de Pathfinder en inglés de *El diario del Che en Bolivia,* que originalmente apareció en el número del 10 de octubre de 1971 de *Verde Olivo,* revista de las Fuerzas Armadas Revolucionarias cubanas.

brayó que el forjarse "en estas condiciones adversas" hace que estos líderes desarrollen un profundo "sentimiento de confraternidad, de compañerismo, un sentimiento de que el hombre necesita del hombre, y no puede vivir aisladamente como un Robinson Crusoe. Porque para poder resistir el medio hostil de la Sierra, de la montaña, uno tiene que integrarse. El hombre necesita de eso. Y en ese medio se forja gente con cualidades humanas, los futuros dirigentes".

No existe necesariamente contradicción alguna entre camaradería y amistad, agregó Villegas. También en este aspecto Martí nos puede servir de guía, puntualizó. Martí ve todo esto "en el contexto del compañerismo, en el hombre que está luchando por una misma causa, que está luchando con un mismo objetivo. Tenemos que ser capaces de coger de Martí ese concepto de amistad que está en sus 'Versos sencillos', cuando dice, 'Tiene el presidente un tesoro en oro y trigo. Yo tengo más, tengo un amigo. Tiene el leopardo un abrigo, pero en el monte yo tengo más que el leopardo, porque tengo un amigo'.[5]

"La amistad es un *sentimiento,* que se desarrolla por el roce entre los seres humanos".

Che buscó inculcarles estas cualidades humanas a los futuros líderes, sostuvo Pombo. Por eso buscaba "elevar su nivel de instrucción y su nivel cultural. Y para esto crea una escuelita. Por eso es que dondequiera que Che va hay una escuelita: hay una escuelita en el África, hay una es-

---

5. "Tiene el leopardo un abrigo / en su monte seco y pardo: / Yo tengo más que el leopardo, / Porque tengo un buen amigo… / Tiene el señor presidente / Un jardín con una fuente, / Y un tesoro en oro y trigo: / Tengo más, tengo un amigo". José Martí, "Versos sencillos" en *Obras completas* (La Habana: Editorial de Ciencias Sociales, 1975), tomo 16, pág. 122.

cuelita en Bolivia, hay una escuelita en la Sierra Maestra, hay una escuelita en Las Villas. En dondequiera que el Che ha hecho una campaña épica, detrás viene la instrucción, la educación del personal".

"Nos obligaba a dar matemática", siguió Pombo. Che la consideraba clave para dominar cualquier otra ciencia.

"Cuando todavía estábamos en la Sierra, nos enseñó todo el arte de la guerra, y de la guerra irregular. Leíamos a Clausewitz; cómo Che interpretaba *De la guerra.* Leíamos a Mao.[6] Además, él autodidácticamente se iba preparando".

Más tarde, puntualizó Villegas, cuando Che escribió su propio libro, *Guerra de guerrillas,* publicado en Cuba en 1960, "los norteamericanos lo concibieron como el texto de preparación de las tropas especiales para enfrentar a la guerrilla en el continente latinoamericano. En la guerra irregular lo concebían como el documento militarmente más acabado, más práctico, más objetivo".

Tierra, campesinos y revolución

En Bolivia los voluntarios internacionalistas cubanos "nos enfrentábamos a un mundo distinto al nuestro", observó Pombo, aún cuando ambos países forman parte de América Latina. Ya que Cuba es una isla, "en la que el hombre

6. Karl von Clausewitz (1780–1831)—general prusiano que sirvió bajo las monarquías prusiana y rusa en las guerras contra Napoleón. Escribió *De la guerra,* por mucho tiempo considerado clásico de estrategia militar.

Mao Tse Tung (1893–1976)—dirigente central del Partido Comunista Chino desde mediados de la década de 1930 hasta su muerte, fue autor de numerosos artículos sobre la guerra de guerrillas y otros escritos militares utilizados por Ejército Popular de Liberación que triunfó sobre el régimen terrateniente-capitalista de Chang Kai-chek en la revolución china de 1949.

autóctono nuestro prácticamente desaparece —los españoles lo exterminaron—, no teníamos la visión de cómo era la vida del indio, de su sicología. Tratamos de buscarlo leyendo novelas costumbristas".

Guevara sabía un poco más de su condición por ser de la misma región, afirmó Pombo. Además, "por haber convivido con el indio, podía ir transmitiéndonos esto.

"Ya había tenido una experiencia en el África", agregó Pombo, en referencia a los seis meses que en 1965 Guevara estuvo ayudando a impulsar la lucha de liberación nacional en el Congo. "No es fácil que uno asimile una cultura" de la noche a la mañana, dijo. "Uno tiene que tener un basamento. Eso requiere de gente con una cultura muy amplia, capaz de asimilarla sin ser asimilado por esa cultura. En el África él tomó mucha conciencia de esta necesidad".

"En Bolivia luchó con nosotros para que interpretáramos al indio, la forma en que el indio concebía el mundo, su forma de vida, su rica historia. Eso no lo teníamos a pesar de vivir un proceso revolucionario".

"Che estudió la tradición combativa del boliviano, de cómo este pueblo boliviano era realmente un pueblo fogueado, era un pueblo con tradiciones combativas", dijo Pombo. "La fue a buscar, y fue una de las cosas que nos explicaba. El Che conocía las características del indio, como conocía las del campesino en Cuba.

"El campesino es un elemento conservador", continuó Pombo. Por ejemplo, "a pesar del trabajo gigantesco que ya Celia [Sánchez][7] había hecho en la Sierra, que había or-

7. Celia Sánchez (1920–80)—una de los dirigentes fundadores del Movimiento 26 de Julio en la provincia de Oriente, fue la primera mujer combatiente del Ejército Rebelde.

ganizado para el movimiento una célula de campesinos, a pesar de eso, ellos no se inclinan a apoyar un movimiento hasta que no ven las posibilidades de éxito en ese movimiento. Menos aún cuando no es un movimiento totalmente agrario", como era el caso del Movimiento 26 de Julio: la mayoría de sus cuadros iniciales procedieron de la ciudad o de pueblos pequeños.

"Cuando es un movimiento agrario, en el que el campesino está defendiendo su pedacito de tierra, tiene otra formación un poco más rápida. El Che conocía esto", agregó Villegas. "Y eso era lo que nos explicaba". A fin de impulsar ese proceso Che le prestó especial cuidado al desarrollo de liderazgo de los combatientes bolivianos.

En Bolivia, como antes había sucedido en Cuba, el objetivo de Che era juntar a todas las fuerzas en torno al objetivo de derrocar a la dictadura boliviana, dándole a la vez impulso a la lucha contra la dominación imperialista por toda la región.

Bolivia y Vietnam

"Las bases del Ejército de Liberación Nacional de Bolivia eran muy amplias", subrayó Pombo. Che jamás concibió la guerra de una forma sectaria. Principalmente, trabajó con el Partido Comunista, "era nuestra tarea trabajar con ellos". Pero también trabajó con las fracciones del Partido Comunista. "Se llamó también al PRIN, el partido de Lechín Oquendo.[8] Se trabajó con todas las organizaciones, se llamó a todas las fuerzas honestas, a todas las fuerzas pro-

8. Juan Lechín fue el principal dirigente de la Central Obrera Boliviana. En 1964 organizó el Partido Revolucionario de la Izquierda Nacionalista.

gresistas del país a luchar por la independencia de Bolivia. Siempre se concibió como una guerra con la participación de todos los hombres honestos, todos los revolucionarios, y todo el que quisiera luchar por América. Porque la concepción de Bolivia no era solamente Bolivia, sino la de luchar por América".

Es preciso recordar lo que sucedía en América Latina y en el resto del mundo en el momento que Che decidió ir a Bolivia, advirtió Pombo. "La valoración está en su 'Mensaje a la Tricontinental'.[9] En este mismo contexto de la escuela, de la formación de dirigentes futuros, se analizaba toda esa coyuntura. Lo que nosotros nunca podemos perder de vista es que en el momento histórico en que surge la guerrilla hay un fenómeno que caracterizaba al mundo, y ese es el genocidio de Vietnam.

"La guerra de Vietnam —que ustedes conocen mejor que nosotros— estremeció al mundo. Realmente estremeció a la sociedad norteamericana: el síndrome de Vietnam, la crisis económica en la que a partir de ese momento cayó el imperialismo no se ha logrado superar.

"Y el Che era de un análisis profundo. Y había llegado justamente a esa convicción: que había que aprovechar esa coyuntura para asestarle derrotas al imperialismo, aprovechar el impacto político y económico de la guerra. Y que ésta era la forma más genuina de ayudar a un pueblo tan heroico como el pueblo vietnamita. Por eso es que surge la concepción, que es el llamado que él hace a la Tricontinental, de crear 'dos, tres… muchos Vietnam', aquí a las puertas

9. El artículo de Guevara se incluye en la edición de Pathfinder en inglés de *Pombo: Un hombre de la guerrilla del Che,* y lo publica en forma de folleto la Editorial de Ciencias Sociales.

del imperialismo norteamericano. Y los pueblos latinoamericanos eran los que habían dado ya el primer paso".

Había movimientos guerrilleros por toda América Latina, explicó Pombo. Se peleaba en Venezuela, en Colombia, en Guatemala, en Perú. "Era un momento propicio. Vietnam era el foco central, pero en todo el mundo había una coyuntura de efervescencia y de rechazo a la opresión. Y el Che era consciente de eso. En esta concepción elabora una estrategia que se desarrolla en el 'Mensaje a la Tricontinental'".

Villegas hizo hincapié en que no se trataba de una evaluación hecha únicamente por Che. "Tenemos que decir con entera honestidad, la revolución cubana la apoyó absolutamente, esas son las enseñanzas de Fidel. Fíjense que Che se lo dice también en la carta: 'Yo puedo hacer lo que te está negado por tu responsabilidad al frente de Cuba'.[10] O sea que está plenamente convencido de que si Fidel hubiera podido ir, era el primero en ir. Y por eso nosotros participamos también, ustedes no tienen que ver solamente al Che en este movimiento. Porque también hubo compañeros cubanos que fueron a Venezuela; otros fueron a Guatemala, a Colombia. O sea que en aquellos momentos la revolución cubana le da apoyo a todos estos movimientos que aspiran a la liberación de los pueblos hambrientos del mundo".

Al lanzar la campaña de Bolivia, dijo Villegas, Guevara también "busca una integración de los pueblos, no solamente del hombre revolucionario, del hombre honesto, individualmente, sino de las naciones que realmente necesitan lograr su independencia definitiva en todo contexto, en

10. La carta de 1965 que Guevara le escribió a Fidel Castro antes de salir de Cuba, aparece en las ediciones en español e inglés de *El diario del Che en Bolivia.*

el contexto económico, en el contexto social. Ustedes ven que hay peruanos, hay argentinos, hay bolivianos y hay cubanos" peleando hombro a hombro.

"La unidad latinoamericana no fue una idea que el Che imaginara. Es una idea que tiene una base, que está en la misma historia de lucha de nuestra América. Está en el programa de Simón Bolívar y en el programa de Martí", recalcó Pombo, agregando que ese problema de la unidad nunca fue resuelto. De ahí que Che trataba de darle respuesta a través de "la integración de todos los pueblos latinoamericanos para poder ser fuertes y poder estar en una equidad con la otra América, con la América del Norte".

"El programa de Martí para América Latina", explicó Villegas, "jamás se ha logrado, pero no solo se trata de un problema de unidad. Cuando vemos a Martí, él dice: Crear una república donde la ley primera sea el respeto 'a la dignidad plena del hombre'. Eso no se consigue en el capitalismo. Y cuando sigue, es una república 'con todos y para el bien de todos', está hablando de una república un poco más universal, en donde realmente todos los hombres tengan igualdad de derechos, igualdad de posibilidades, y eso nada más se logra en el socialismo.

"O sea que vemos que una de las cosas que el Che encuentra en todos estos estudios de la historia de Cuba, es que el ideario de Martí converge y se encuentra con las ideas del marxismo-leninismo. Inclusive en el partido, inclusive en la concepción de cómo poder dirigir y desarrollar esta lucha, Martí en sus ideas no se separa en nada de la concepción marxista.

"Y esto es un fenómeno autóctono nuestro, de los cubanos, un fenómeno de una profundidad extraordinaria. Y es realmente lo que nos da más solidez.

"Por eso nosotros hoy podemos decir que todo nuestro trabajo ideológico debe de ir encaminado al patriotismo", agregó Villegas. No hacia el nacionalismo sino al patriotismo, dijo Pombo, para que el pueblo desarrolle un orgullo en nuestra historia de lucha. "Porque el patriotismo tiene una fundamentación ideológica muy profunda en Martí. Pero vamos un poquito más atrás y la tiene en Céspedes; la tiene en Maceo.[11] Por eso Martí lucha tanto por la unión de los veteranos de la guerra de 1868 y los 'pinos nuevos'", como llamara a la generación siguiente.

"Han visto entonces que la cosa está realmente en el ideario de Martí, y cómo se ha ido llevando a la práctica por Fidel, y cómo el Che se entrelaza con todo este ideario. Y podemos decir que el Che realmente madura en Cuba bajo este ideario".

Para construir esa república que "Martí soñaba", dijo Pombo, "cómo podría ser si no era una república socialista: donde no hubiera explotación, donde no hubiera desigualdades. No había otra forma, y eso forma parte de nuestras raíces, de nuestra historia, de nuestras propias concepciones… Por eso es que nosotros decimos siempre: 'Lo que te prometió Martí, Fidel te lo cumplió'. Porque es una gran realidad".

Auge revolucionario en el Cono Sur

El plan militar del Che en Bolivia estaba encaminado a conseguir una sorpresa estratégica, sostuvo Pombo, y eso se

11. Carlos Manuel de Céspedes fue el dirigente central en la guerra cubana de independencia lanzada en 1868; fue emboscado por las tropas españolas y asesinado en 1874. Antonio Maceo, dirigente militar de las guerras de independencia que fue asesinado en combate en 1896.

obtendría comenzando la lucha guerrillera donde el imperialismo norteamericano estaba menos preparado.

Sorpresa estratégica, explicó Villegas, es distinto de sorpresa táctica. El plan militar de las fuerzas norteamericanas que agredieron a Iraq en 1991, dijo, dependía de su potencia de fuego y superioridad numérica. "Se dieron el lujo de decir 'voy a atacar Iraq' y empezaron a prepararse y empezaron a hacer la agrupación de fuerzas seis meses antes". Villegas indicó que aunque estratégicamente la agresión no suponía sorpresa alguna, "sí se podía obtener la sorpresa táctica porque el momento en que se iba a desencadenar la guerra nadie lo sabía".

"Pero el Che quería la sorpresa estratégica. ¿Por qué? Porque con todo este movimiento y efervescencia revolucionaria que se produce en el continente, los norteamericanos, que son un poco lentos, reaccionaron y buscaron su respuesta. ¿Y la respuesta cuál fue? La Alianza para el Progreso en el contexto económico, y la ayuda con los Boinas Verdes en lo militar: crearon toda una fuerza de contrainsurgencia, que fue de un potencial extraordinario. La CIA gastó millones de pesos, no se sabe lo que la fuerza del Pentágono gastó para contrarrestar" al movimiento revolucionario en Latinoamérica.

"Pero los imperialistas norteamericanos no esperaban realmente que pudiera surgir un movimiento guerrillero en Bolivia. Lo daban por imposible, como lo daban por imposible los generales bolivianos, porque no se podía hacer una revolución donde ya había habido una revolución, que era su criterio con respecto a la revuelta de 1952".[12]

---

12. Un poderoso movimiento de masas ocurrido en Bolivia en 1952 resultó en la nacionalización de las minas más grandes de estaño, la

"Pero el Che, que había pasado por allí en 1953", señaló Pombo, "sabía que esa revolución empezó a deteriorarse desde que nació. Y que por lo tanto las ansias, las necesidades del campesinado, del minero, del hombre pobre de Bolivia no habían sido resueltas. La reforma agraria nunca tuvo un asesoramiento técnico, un apoyo económico. Sabía que Paz Estenssoro no era realmente un revolucionario, porque si no hubiera tenido un carácter más popular".

Con su humor típicamente zahiriente, Che denominó a la revolución boliviana de 1952 "la revolución del DDT", recalcó Pombo, porque Paz Estenssoro "antes de que un indio, antes de que un obrero pudiera tener acceso a él, lo fumigaba para que no le llevara enfermedades".

Sin embargo, agregó Villegas, ni Washington ni el Pentágono comprendían esto. Según ellos, "no se podía hacer una revolución donde había habido una revolución. Por eso fue una sorpresa total. Por eso tuvieron que correr para tratar de preparar las tropas contrainsurgentes".

El plan del Che suponía, como requisito del éxito, la participación y el apoyo del Partido Comunista de Bolivia, señaló Pombo. Pero jamás se cumplieron las promesas hechas por el secretario general del partido, Mario Monje. Las fuerzas guerrilleras fueron aniquiladas antes de que pudieran

---

legalización de los sindicatos, el comienzo de la reforma agraria, y la eliminación del requerimiento de alfabetización que en realidad equivalía a la discriminación de la mayoría del pueblo boliviano, o sea la población de lenguas aymará y quechua. Sin embargo, Bolivia siguió siendo uno de los países con mayor pobreza del continente. El gobierno cada vez más corrupto y fragmentado del Movimiento Nacionalista Revolucionario —partido burgués dirigido por Víctor Paz Estenssoro—, que inicialmente había gozado de un fuerte apoyo por parte de los superexplotados mineros del estaño, fue derrocado por un golpe militar en 1964.

llegar al área desde la cual esperaban operar y establecer sus vías de comunicación y avituallamiento. Sin embargo, políticamente, la evaluación del Che de que en Bolivia estaba por darse una explosión social era acertada. En realidad, en los años inmediatamente posteriores a la derrota del movimiento guerrillero hubo todo un auge revolucionario nuevo y profundo tanto en Bolivia como en el resto del Cono Sur de América.

"Pero imagínense", puntualizó Pombo, si se hubiese dado "el concepto que nosotros habíamos concebido, con un alzamiento general y con la guerrilla ya en las zonas guerrilleras, y con la posterior suma de gente a este movimiento. Era cuestión de un tiempo muy corto el haber tomado el poder en Bolivia. Y las masas bolivianas, después de que estuvieran en el poder, estaban obligadas a defender *su revolución*, y a defender la revolución de cualquier país limítrofe, por ser mediterráneo, que es otro elemento que el Che desarrolla. Este concepto de *mediterraneidad*, de no tener salida al mar, es contrario al concepto del Mediterráneo, que es un mar dentro de la tierra".

La ubicación geográfica de Bolivia, dijo Pombo, "es parte del concepto de cómo el Che planifica su estrategia. Che concibe que los norteamericanos van a participar. Es más, el objetivo es atraer a los norteamericanos.

"Pero para atraer a los norteamericanos primero había que lograr tomar una zona, organizar el poder en un país. Por eso no se dice que vamos a empezar en todos los lugares juntos. No, vamos a empezar en *uno* juntos. Y de éste irradiamos hacia los otros. Los peruanos irían para el Perú, y así. El Che empieza a valorar a los bolivianos, y ve ir surgiendo a los líderes políticos y militares. Ve en Inti [Peredo], por ejemplo, a un hombre de un valor extraordinario para convertirse en el líder de todo este movimiento. Y dice en un momento: 'Coco es un combatiente que se destaca con condiciones de convertirse en un líder'".[13]

Che habló muy pocas veces de los cuadros cubanos en su *Diario,* recordó Pombo, porque "se supone que nosotros vamos allí como un agente catalizador, como gente capaz de transmitir experiencias y de transmitir conocimientos". Igual de importante es la composición del Estado Mayor de la campaña boliviana, señaló Villegas. "Fíjense cómo hay un político para atendernos a los cubanos, pero también hay un político para los bolivianos.[14] El concibe esta integración. O sea que él no aspiraba a ser el dirigente de los bolivianos. El aspiraba a coordinar todo el movimiento de este Cono Sur. Es la aspiración del Che.

"Y en última instancia", dijo Pombo, "aspiraba a irse a Argentina; él se sentía argentino".

Si Washington se hubiese involucrado, interviniendo con sus propias fuerzas, explicó Villegas, "los norteamericanos habrían tenido que transportar los abastecimientos por miles de kilómetros. Eso los hacía extraordinariamente vulnerables. Porque entrando por Argentina no podían cuidar todos los caminos. Solamente allí lográbamos ya un objetivo:

---

13. El relato de Peredo sobre la campaña boliviana, *Mi campaña con el Che,* se incluye en la edición de Pathfinder en inglés de *El diario del Che en Bolivia.*

14. Como miembro del Estado Mayor, Inti Peredo fue uno de los dos oficiales asignados como comisarios políticos de la unidad, encargados de la dirección política de los combatientes. El otro era Eliseo Reyes (Rolando), un veterano de la columna del Che en el Ejército Rebelde y ex miembro del Comité Central del Partido Comunista de Cuba, que se ofreció como voluntario para la misión internacionalista de Bolivia y cayó en combate en abril de 1967.

GRANMA

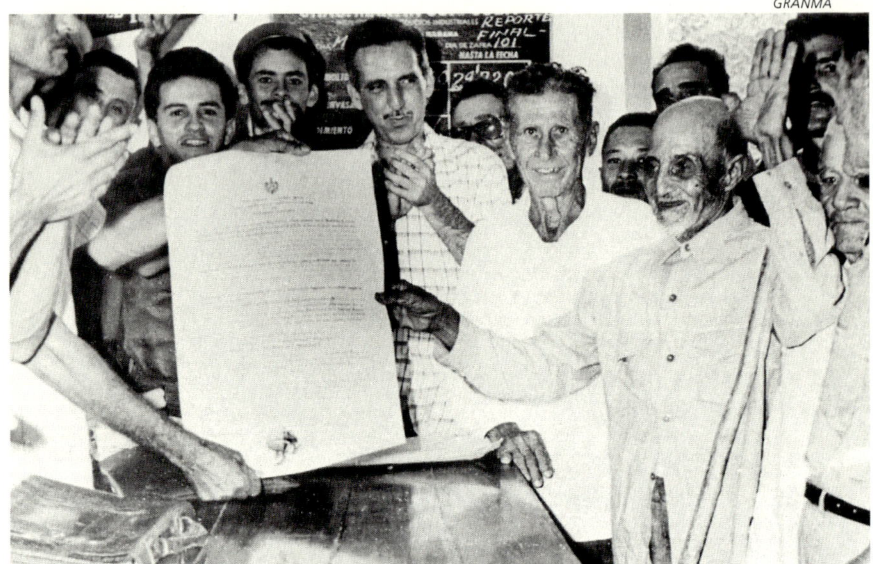

Con la victoria del 1 de enero de 1959 los obreros, campesinos y jóvenes comenzaron a transformar toda la sociedad a medida que se transformaban a sí mismos.

Arriba: Campesino recibe título de propiedad sobre su tierra durante la primera reforma agraria, 1959. *Abajo:* Joven le enseña a los trabajadores de un bote pesquero en Surgidero de Batabanó durante la campaña de alfabetización de 1961.
Derecha arriba: Che Guevara en Holguín, Cuba, durante el mitin que celebró la transformación del viejo cuartel de la dictadura en escuela, febrero de 1960.
Abajo: Obreros se movilizan para realizar la expropiación de los bancos estadounidenses, septiembre de 1960.

FIE

que económicamente iban a tener que invertir tal cantidad de miles de soldados que iba a superar a Vietnam.

"Y por lo tanto el pueblo norteamericano no lo resistiría. Eso era una cosa real. Fíjense que el ejército norteamericano todavía no quiere combatir donde haya riesgo. Tienen que tener su superioridad tecnológica, garantizar al máximo que no haya muertos: y ése es el legado de Vietnam.

"Podrán tener mucho desarrollo tecnológico, pero no han podido inventar algo contra las armas rústicas: contra una trampa vietnamita, cuando un hombre cae en una trampa, se entierra. O contra un hombre enterrado, que resiste varios días y cuando vienen les pone una mina.

"Contra un hombre que es capaz de sacrificarse y dar su vida, contra eso no han podido encontrar tecnología, ni la van a lograr nunca.

"Esa es realmente la convicción que nosotros tenemos ahora en Cuba con la guerra de todo el pueblo.[1] Y en eso el Che estaba claro. El Che lo había concebido con esta profundidad".

Recordando la afirmación hecha por Fidel Castro en diciembre de 1988 de que "quien no sea capaz de luchar por otros, no será nunca suficientemente capaz de luchar por sí mismo",[2] le pedimos a Villegas que abordara de nuevo la

1. La guerra de todo el pueblo es el nombre de la estrategia defensiva de la revolución cubana. Millones de cubanos han recibido entrenamiento para combatir y se les asigna un puesto al que deberán reportarse en caso de una agresión imperialista.

2. Ver el discurso de Fidel Castro del 5 de diciembre de 1988, "Mientras exista el imperio, nunca podremos bajar la guardia", reproducido en el número de febrero de 1989 de *Perspectiva Mundial,* pág. 17. En inglés aparece en el libro *In Defense of Socialism* (En defensa del socialismo), pág. 23.

cuestión del internacionalismo, del ejemplo de Guevara, y de la contribución que hizo la revolución cubana para ayudar a derrumbar al régimen del apartheid en Sudáfrica.

Angola y el internacionalismo cubano

Entre 1975 y 1989 casi medio millón de voluntarios cubanos participaron en misiones internacionales en la antigua colonia portuguesa de Angola, en respuesta a la solicitud de ayuda hecha por el gobierno angolano —que recién conquistaba su independencia—, para combatir la invasión de las tropas de Sudáfrica y Zaire y las fuerzas derechistas angolanas, dirigidas por Jonas Savimbi, financiadas y ayudadas no solo por el régimen del apartheid sino también por Washington.

La derrota de las fuerzas armadas sudafricanas y de sus aliados a comienzos de 1988 en la histórica batalla de Cuito Cuanavale —batalla en la que Villegas participó— fue un punto decisivo en la historia de África austral. Ese mismo año condujo a las negociaciones en las que participaron los gobiernos de Cuba, Sudáfrica y Estados Unidos, y que prepararon el terreno para el fin de la guerra civil en Angola; la conquista de la independencia del territorio de Namibia, hasta entonces controlado por el régimen sudafricano; y la conclusión de la misión internacionalista cubana en Angola. Al mismo tiempo, la victoria de Cuito Cuanavale le dio un tremendo impulso a la masiva lucha contra el apartheid en Sudáfrica.[3]

---

3. Para más información sobre la misión cubana en Angola y el impacto que tuvo a nivel internacional, ver los discursos de julio de 1991 de Nelson Mandela y Fidel Castro, publicados por Pathfinder en *¡Qué lejos hemos llegado los esclavos!*

La ayuda internacionalista a Angola a lo largo de 13 años, significó un enorme esfuerzo para una nación relativamente pequeña y económicamente subdesarrollada como Cuba. Al comenzar 1989 —casi simultáneamente con el fin de la misión angolana— la desintegración de los regímenes de Europa oriental y de la Unión Soviética condujo al colapso de la mayoría de los acuerdos cubanos de comercio exterior y de muchos proyectos de asistencia. En medio de una severa crisis económica que ha marcado a Cuba durante el último lustro, no ha sido inusual escuchar a algunos cubanos expresar la opinión de que los recursos utilizados para asistir a Angola habrían sido más útiles en Cuba.

En ese contexto le solicitamos su opinión a Villegas, quien de 1981 a 1990 pasó la mayor parte de su vida en Angola.

"Creo que Angola no solamente valió la pena", respondió, "si estuviéramos en condiciones de poder volverlo a hacer, lo volveríamos a hacer.

"En su totalidad, a África mandamos más de medio millón de personas, entre Angola, Etiopía[4] y otros lugares: unos 375 mil militares, más los que hicieron el internacionalismo a través de la salud pública y la educación, entre otras actividades. Realmente, es una cifra grande. Podemos decir que Cuba es un pueblo de internacionalistas. Y cuando en

4. En 1977, Cuba respondió a una solicitud del gobierno etíope para que le ayudase a derrotar una invasión desatada por el régimen de Somalia, y respaldada por el gobierno norteamericano. El fin de la agresión era apoderarse de la región de Ogaden. Washington planeaba apoyarse en una victoria somalí para ayudar a revertir la redistribución de tierras y otras medidas que se habían estado desarrollando en Etiopía luego del derrocamiento de la monarquía latifundista del emperador Haile Selassie en 1974.

Cuba se habla de un internacionalista, la gente se imagina al Che. Esa enseñanza del Che fue determinante para concretizar nuestro concepto de internacionalismo.

"Fidel decía que cuando nosotros vamos al África, vamos a pagar nuestra deuda con los pueblos africanos. Y en un gran sentido eso es así. Pero además creo que la justeza del sacrificio, del esfuerzo —que el pueblo cubano específicamente hizo en Angola— ha fructificado.

"¿Por qué pensamos que ha fructificado? En primer lugar, ¿ustedes creen que hoy se podría estar hablando de una Sudáfrica dirigida por Nelson Mandela? ¿Que la mayoría negra del 75 por ciento, del 85 por ciento, podría estar en el poder? ¿Ustedes creen que si los sudafricanos no hubieran sido realmente derrotados en el campo militar y en el campo económico iban a haber eliminado el apartheid? Entonces no hay duda que solamente esta conquista de haber derrotado al apartheid indirectamente valía la pena.

"A millones de seres humanos se les ha permitido la posibilidad real de convertirse en seres humanos. Y eso era justamente por lo que luchaba el Che, y eso es justamente por lo que han luchado todos los hombres y mujeres íntegros de la humanidad; es por lo que lucha Fidel, por lo que resiste Cuba.

"Y se conquistó. No solamente lo tenemos que ver allí en Sudáfrica, sino también en la independencia de Namibia. Y en el derecho de los pueblos africanos a hablar con su pleno valor como seres humanos. En el caso de Angola, se materializa por el hecho de que se logró la independencia, más o menos mediatizada. Pero no se podía lograr de otra forma. Quizás fue un sueño nuestro pensar que se podía construir el socialismo en Angola. Pero se impidió que Sudáfrica los dominara, se impidió que los sudafricanos se dividieran Angola con Zaire [actualmente Congo].

"Estoy totalmente convencido que no hay obra más útil que el internacionalismo que Cuba desarrolló en África, y no solamente en África, sino que ha desarrollado en América. Independientemente de que no se hayan logrado los objetivos finales, son páginas gloriosas de la historia de los pueblos, que ya han creado un acervo para el futuro".

FOTO CORTESIA DE HARRY VILLEGAS

FOTO CORTESIA DE RICHARD DINDO

“Estoy convencido que no hay obra más útil que el internacionalismo que Cuba desarrolló en Africa, en América”, dice Harry Villegas (*Pombo*).

Arriba: Villegas (al centro a la izquierda) durante la guerra en Angola que repelió a las fuerzas apoyadas por el imperialismo y derrotó al ejército sudafricano del apartheid. *Encuadro:* Che Guevara, izquierda, y Pombo en Bolivia, finales de 1966 o comienzos de 1967.

He hecho lo normal para un revolucionario

ENTREVISTA POR
ELSA BLAQUIER ASCAÑO

AÚN LO RECUERDO extremadamente delgado, con el rostro casi barbilampiño, de rasgos muy finos contrastantes con la oscuridad de su piel, que apenas traslucían los 25 años recién cumplidos. Al verlo costaba trabajo asociarlo con un combatiente fogueado en la lucha guerrillera en la Sierra Maestra, la invasión a occidente, la toma de Santa Clara y la ayuda internacionalista al Congo.

Entonces, sin tomar un descanso, emprendía de nuevo una importante misión junto al hombre que a los 17 años lo acogiera como soldado y a quien le unían lazos que ni la muerte pudo tronchar: el Che.

Por aquellos días de mayo de 1965, junto a José María Martínez Tamayo (Papi) y Carlos Coello (Tuma), preparaba las bases logísticas y organizativas de lo que sería el movimiento guerrillero boliviano.

Esta entrevista fue publicada originalmente en el número del 12 de junio de 1995 de *Trabajadores,* semanario de la Central de Trabajadores de Cuba. Elsa Blaquier Ascaño es una veterana periodista cubana que escribe para la agencia de noticias AIN. Es también la viuda de René Martínez Tamayo (Arturo), revolucionario cubano que cayó en combate en Bolivia en 1967.

El hoy general de brigada Harry Villegas Tamayo, ha acumulado nuevas páginas en su bregar internacionalista y como jefe militar, que avalan el poder llevar sobre su pecho la estrella de oro de Héroe de la República de Cuba, recientemente otorgada por el Consejo de Estado.

Harry sigue siendo el Pombo que conociera el pueblo cubano a través del *Diario del Che en Bolivia* y asombrara al mundo con la proeza de comandar el pequeño grupo que logró burlar el cerco tendido por la CIA, tras la muerte del Guerrillero Heroico.

Su modestia le ha llevado a esquivar entrevistas que no sean para hablar del jefe y maestro inolvidable, pero hoy no pudo escapar al asedio y le hicimos rememorar su infancia en Yara, a la entrada del macizo oriental, cuando Andrés, el padre carpintero descendiente de isleño le enseñaba a ser solidario y humano, y la madre Engracia, ama de casa con grandes dotes para el comercio le inculcaba su espíritu para los negocios.

Nació en las inmediaciones de la Sierra Maestra el 10 de mayo de 1940, bajo el influjo de las tradiciones de aquellos parajes donde crece el tamarindo en que cuentan fuera quemado Hatuey[1] y muy cerca del lugar en que Céspedes liberara a sus esclavos y diera el primer grito por la independencia de Cuba. Fue como todos los muchachos de por allí, un buen jugador de pelota y entusiasta nadador en el río cercano.

"Fui el último y décimo hijo; pude estudiar porque mi madre había logrado algunos recursos económicos obtenidos de dos tiendas y una panadería que tenía en Yara y

1. Hatuey, jefe indígena taíno, dirigió el levantamiento contra los españoles; fue capturado y ejecutado en 1511.

Palma; mi padre, por el contrario, no tenía nada, era muy bondadoso y lo daba todo.

"Cuando comenzó la lucha en la Sierra Maestra estudiaba comercio en Manzanillo, el hecho me impactó mucho y de inmediato me incorporé al movimiento clandestino. Después de varias detenciones en el cuartel de la guardia rural decidí alzarme, aunque la vieja se oponía porque me veía muy flaco y creía que no resistiría".

Primero se unió a un grupo de escopeteros en el valle del Cauto. Después hizo contacto con las tropas del chino Figueredo y estando con ellos llegó el Che. De aquel día recuerda la gran impresión que le causara el guerrillero que era ya un símbolo.

Che por primera vez

"Preguntó qué hacíamos allí, quién nos había mandado. Le dijimos: luchar por la libertad de Cuba y lo hicimos por decisión propia. Entonces nos mandó a bajar al llano y desarmar a los soldados para que volviéramos con un arma cada uno".

La empresa resultó difícil pero no regresaron con las manos vacías. El Che les permitió quedarse más por la decisión demostrada que por la calidad del armamento capturado.

"Comencé como mensajero, después fui con él para la escuela de Minas del Frío, donde tuve que acostumbrarme a los constantes bombardeos de la aviación batistiana, convertidos en prueba de fuego de las filas rebeldes".

Allí recibió la primera demostración del alto concepto de disciplina de su jefe. "La comida aquí no era de las peores, pero si escasa. Un compañero de apellido Lorente inició una huelga de hambre y yo estuve entre los cabecillas.

"Cuando el Che llegó nos acusó de sedición y amenazó con fusilar al responsable, yo fui castigado a tres días sin comer, el resto a formar en el polígono durante todo el día, con aviación y todo.

"Por suerte vino Fidel y habló con él, entonces suavizó el castigo. El Che sabía que la disciplina era un factor determinante en la supervivencia de la guerrilla, además, empezaba por él y con bastante crudeza. El luchaba con nosotros como si fuéramos sus hijos, tratando de formarnos en todos los sentidos, de criticarnos y sancionarnos cuando era necesario".

Rechazar la ofensiva de la tiranía fue su primera gran misión combativa. Junto a Leonardo Tamayo, Pablo Ribalta y Hermes Peña, los mismos que integrarían la escolta del Guerrillero Heroico. "Fuimos escogidos para participar en el combate del Jigüe y luego en el cerco para evitar que el ejército batistiano llegara a la comandancia de La Plata.

"La mayoría éramos muchachones: San Luis, Joel Iglesias, Tamayo, Hermes Peña, Carlos Coello (Tuma).[2] El pelotón de la comandancia del Che donde yo estaba, era una escuela; aprendíamos matemáticas, español, técnica, guerrilla, hacíamos lectura de novelas y libros de historia. Yo no era de los que más caminaba y el Che me decía que era un intelectual graduado de la universidad de Yara. Le gus-

2. San Luis (Eliseo Reyes) peleó junto a Guevara en Bolivia, bajo el nombre de Rolando; cayó en abril de 1967. Joel Iglesias fue uno de los líderes de la columna de Guevara en la guerra revolucionaria cubana. Leonardo Tamayo (Urbano) sirvió con Guevara en Bolivia y fue uno de los tres cubanos que escaparon peleando. Hermes Peña fue asesinado en Argentina en 1964, cuando apoyaba un esfuerzo guerrillero en las montañas de Salta. Carlos Coello (Tuma) cayó en Bolivia en junio de 1967.

taba rodearse de jóvenes y hacer que nos superáramos".

Cuatro Compañeros y la Federal quedaron grabados en su memoria como combates impactantes en el llano, durante la travesía histórica de la invasión hacia tierras villareñas, también la actividad del Che para unir las fuerzas revolucionarias que operaban en el Escambray, entre las cuales se encontraba el II Frente, opuesto a que el 26 de Julio operara en la zona.[3]

"La campaña de Las Villas se puede catalogar como relámpago; en ella el Che se graduó como estratega y lo consolidó como líder militar —dice y agrega— él fue contra las leyes de la guerra que indican la superioridad numérica al ataque.

"Calculó la sorpresa como factor de debilitamiento sicológico de los 3 mil efectivos que defendían Santa Clara, y nosotros éramos cerca de 600. El Che era temerario, pero no regalaba su vida. En este combate se mostró muy audaz, entró primero a la ciudad, solo en compañía de Aleida [March], [Jesús] Parra y mía.[4] Mientras avanzábamos, el pueblo salía y decía: ¡ahí viene el Che con unas mujeres!, porque nosotros teníamos el pelo largo.

"La Habana me asustó. Cuando llegamos a La Cabaña la miraba desde el Cristo y no me atrevía a salir hasta el día

3. Para más información sobre la campaña en la provincia de Las Villas (actualmente Villa Clara) y el II Frente Nacional del Escambray, ver *Pasajes de la guerra revolucionaria,* págs. 159–99. En la edición en inglés de Pathfinder se publica también información adicional.

4. Aleida March, posteriormente esposa de Guevara, realizó trabajo clandestino para el Movimiento 26 de Julio en Cienfuegos y Las Villas, a menudo como mensajera; permaneció con el Ejército Rebelde luego que las fuerzas batistianas descubrieran su identidad a fines de 1958. Jesús Parra fue miembro de la escolta personal de Guevara.

que el Che llegó y me dijo que si yo, el jefe de su escolta, pensaba andar de vago. Así me enteré del cargo, me monté en el carro con él y al fin salí".

Como miembro de la escolta vivió durante muchos años junto a él y su familia, hasta que formó hogar propio y le dio la responsabilidad de pasar la escuela de administración, dirigir varias empresas y volver nuevamente a las FAR.

"Ya tenía a mi hijo Harry Andrés y había desempeñado varias responsabilidades militares y políticas. Hacía un tiempo que no lo veía porque él estaba de viaje y yo prestando servicio en la unidad de tanques de Managua, hasta que un día me mandan a buscar. Estuve varios días junto a Carlos Coello en una finca en Cubanacán y el Tuma me decía 'tanto comer sin trabajar en algo malo va a parar'".

Fidel nos dio la misión de garantizar que no le pasara nada

"Fidel nos mandó a buscar y nos dijo que el Che nos había seleccionado para acompañarlo, que él ya estaba en África respondiendo a una solicitud de ayuda del movimiento revolucionario tras la muerte de Lumumba,[5] y

5. Patricio Lumumba, dirigente central del movimiento independentista en la antigua colonia belga del Congo, y su primer primer ministro, fue asesinado en enero de 1961 por las tropas leales al derechista Moïse Tshombé, respaldadas por fuerzas imperialistas. Lumumba se encontraba bajo la "protección" de las tropas de Naciones Unidas.

A mediados de 1964 irrumpió en el Congo una nueva revuelta encabezada por fuerzas que habían apoyado a Lumumba. Estas fueron derrotadas en noviembre de ese año gracias a la intervención de ejércitos de mercenarios belgas y sudafricanos —apoyados a su vez política y militarmente por Washington— cuya misión era impedir que las vastas riquezas minerales del Congo se escaparan del control imperialista. Miles de congoleños fueron masacrados.

nos dio la misión de ayudarlo y garantizar que no le pasara nada. Fue una prueba de confianza que nos emocionó mucho.

"Así fuimos a parar a El Cairo después de recorrer varios países y de allí a Dar Es Salaam, capital de Tanzania. Al llegar nos reunimos con el grupo que se preparaba para entrar al Congo (Leopoldville). Ya el Che, Papi y Víctor Dreke se encontraban en el Congo;[6] como a los tres días de estar en el campamento salimos. Pablo Ribalta, que estaba de embajador en Tanzania, nos explicó la situación, atravesamos el país por un lugar de parques de reservas naturales hasta llegar al lago Tangañika; fue impresionante, con sus alrededor de 35 mil kilómetros cuadrados de agua dulce donde el viento levantaba unas marejadas enormes.

"Cruzamos en una canoa, en la otra costa encontramos una covacha donde estaba un médico cubano (Kumy) que me dio una mochila que pesaba como 75 libras. Yo no me había entrenado como los otros compañeros, así que cuando comencé a subir aquella montaña con más de 1 700 metros de altura y aquel peso a la espalda, tuve que pedir ayuda, mientras Tuma me decía: 'te lo dije, tanto comer sin trabajar seguro que no era para pasear'.

"El Che me hizo jefe de servicios y me ubicó en la misma cabaña donde él vivía. Allí estaba además el Chino, que era de su escolta, y un guerrillero congolés llamado Ernesto que hablaba francés y le enseñaba swahili. Como es de esperar tuve que sumarme a las clases".

6. José María Martínez (Papi) sirvió con Che en el Congo y luego en Bolivia; Víctor Dreke era el segundo jefe de las fuerzas cubanas en el Congo.

La lucha en el Congo fue una gran experiencia

"El Congo fue una gran experiencia para todos. Era muy difícil comprender la sicología de los jefes africanos, en su gran mayoría no estaban allí. Esperábamos a algún líder africano, hasta que el Che decidió comenzar a combatir a los mercenarios belgas y sudafricanos. Resultaba complejo entender a aquel pueblo que se encontraba en una mezcla de estadios sociales, que iban desde las relaciones familiares de la comunidad primitiva hasta manifestaciones modernas de andar con un radiecito portátil o un gran reloj pulsera.

"Tuvimos varios combates importantes, como el Force Bandera, donde perdimos a Vinajera, Pío, Ballester, Warner Moro y 14 rwandeses. Se atacó y tomó los puestos de Mwenga y Kovimvira, hicimos varias emboscadas en el camino que iba hacia el lago y se dio un golpe de mano en el puerto fluvial. Realmente se combatía y con certeza, pero toda esta cuestión de la dirección por la parte congolesa creó inestabilidad.

"Llegó un momento en que el Che pensó ir hacia el otro extremo del país para buscar a otros grupos que combatían, pero eso conllevaba una marcha de miles de kilómetros. Cuando esto se estudiaba se da la reunión de los líderes de los estados africanos en la que se acuerda cambiar el carácter de la ayuda al movimiento revolucionario en el Congo, y solo deja la cooperación armada a los movimientos independentistas de las colonias portuguesas, que estaban también dentro de la concepción de lucha del Che.[7]

7. Del 21 al 26 de octubre de 1965 se reunió en Accra, Ghana, la Organización de la Unidad Africana que decidió restringir la ayuda militar procedente de potencias extranjeras.

"Realmente el aporte que él estaba prestando allí era un compás de espera para luego ir a Sudamérica y en particular a la Argentina. Pero no quería marcharse de allí sin que la solicitud de nuestra retirada fuera por escrito, para dejar bien limpio el prestigio de Cuba. Además nos dolía dejar a los más de 3 mil combatientes africanos que nos acompañaban.

"Fue una situación bien dura desde el punto de vista humano y sé que le fue muy difícil aceptar abandonar la lucha. El Che les habló y pidió que escogieran a 20 combatientes para venir a Cuba, no podían ser más, pues las lanchas solo tenían capacidad para los más de un centenar de cubanos que nos encontrábamos allí".

De aquella gesta Harry conserva el sobrenombre de Pombo, parte del seudónimo que le pusiera su jefe (Pombo Pojo) que significa en lengua nativa néctar verde. Sus ojos muestran la alegría que sintió cuando el guerrillero inolvidable se reunió con Papi, el Tuma y él para plantearles si estaban dispuestos a seguirle en otra parte del mundo.

De África a Sudamérica

"De inmediato le dijimos que sí. Al llegar a Dar Es Salaam nos separamos del resto de los cubanos, de dos en dos nos fuimos a Praga donde estuvimos un periodo prolongado preparándonos para la nueva misión, hasta que Fidel lo convenció de volver a Cuba.

"Ya Papi estaba en La Paz haciendo contacto con la dirección del Partido Comunista Boliviano; Tuma y yo fuimos también allí. A nosotros nos correspondió darle cobertura a Papi en todos los trajines organizativos, entonces estuvimos en Cuba por unos días.

"En julio de 1966 salimos hacia Bolivia después de recorrer varios países. Planificamos la entrada de todos los compañeros, buscamos y compramos la finca, discutimos con Mario Monje la incorporación del Partido [Comunista Boliviano] a la lucha, hasta que el 3 de noviembre llegó el Che".[8]

La confianza que su jefe deposita en Pombo surge en cada página de su diario en tierras bolivianas; nuevamente es el jefe de servicios e integra el Estado Mayor. Innumerables son las anotaciones que indican su designación para hacer una exploración o estudiar el lugar donde establecer campamento.

El 26 de junio de 1967 el Che escribe: "Día negro para mí... heridos Pombo en una pierna y Tuma en el vientre. La herida de Pombo es superficial... Tuma murió en la operación. Con él se fue un compañero inseparable de todos los últimos años, de una fidelidad a toda prueba y cuya ausencia siento desde ahora casi como la de un hijo".[9]

Harry recuerda el día en que fue herido tratando de ayudar al compañero de múltiples combates y peripecias. Con igual dolor recuerda los acontecimientos del 8 de octubre.

"Estábamos en las inmediaciones del firme, el Che sabía que el ejército estaba allí y organizó la defensa. A Tamayo (Urbano) y a mí nos ordenó combatir en la parte inferior de la quebrada. Nuestra misión era aguantar el ataque si se producía por allí para que la gente se reagrupara y pudiera retirarse, sobre todo los enfermos, a un lugar previamente acordado.

8. Mario Monje era el secretario general del PCB.

9. Ernesto Che Guevara, *El diario del Che en Bolivia,* pág. 262.

"Un momento antes de iniciarse los disparos, el Che manda a los bolivianos el Ñato y Aniceto a relevarnos. Entonces comienza el tiroteo sobre nosotros, empezamos a repeler el ataque y los mandamos a puntualizar si nos vamos o no. Cuando regresaban a nuestras posiciones hieren a Aniceto de muerte. El Ñato nos dice que ya el Che se había retirado.

"Tratamos de salir pero el fuego enemigo no nos dejaba; más o menos como a la una y media del día los disparos comenzaron a alejarse. Todo indica que intentaban hacer un rodeo para evitar que el Che y los enfermos que estaban con él escaparan. Cuando logramos salir fuimos hasta el lugar donde estaba su puesto de mando y encontramos que se había llevado las cosas de más valor; esto nos indicaba que estaba vivo y se retiraba al lugar establecido.

"Empezamos a subir; cuando estábamos llegando nos silban y nos dicen que no nos moviéramos pues estábamos rodeados, eran Dariel Alarcón (Benigno), Guido Peredo (Inti), y David Adriazola (Darío); nos dejamos caer y bajamos a la quebrada nuevamente. Como a las seis de la tarde llegaron otra vez los soldados que amenazaban con tirarnos granadas, pero no lo hicieron. Después nos reagrupamos. Seguimos toda la noche bajo el hostigamiento del ejército.

"Al amanecer del día 9 estábamos escondidos muy cerca de la escuelita de La Higuera, veíamos a los soldados, observamos los helicópteros, pero no nos imaginamos que lo tenían allí. En la mañana oímos las primeras noticias de su captura pero eran muy confusas. Hablaban de que estaba herido, después lo desmentían y decían que era uno de sus lugartenientes, hasta que empezaron a dar detalles de su ropa y objetos personales y comprendimos que era verdad.[10]

"Fue un impacto muy fuerte, algo terrible. Entonces decidimos seguir luchando, que la guerra no había terminado para nosotros, combatiríamos unidos y nadie quedaría abandonado. Inti, que era el político de la guerrilla, continuó esta función y yo asumí el mando del grupo".

Después, vino la búsqueda de los enfermos en aras de cuya defensa el Che ofrendara su preciosa vida;[11] la imposibilidad de encontrarlos, la ruptura de un cerco tras otro que haría de la marcha hasta la frontera con Chile una verdadera hazaña novelesca de la que salen con vida gracias a la ayuda del movimiento revolucionario y la gestión de Salvador Allende, entonces senador, quien los acompaña de regreso a la isla.[12]

En Angola hasta el final de la misión internacionalista

Al llegar a Cuba vuelve a las filas de las Fuerzas Armadas como jefe de operaciones del Cuerpo de Ejército del Este, también participa en la Operación Mambí,[13] dedicada a

---

10. Guevara fue capturado por las tropas bolivianas el 8 de octubre. Al día siguiente fue ejecutado por órdenes del presidente boliviano René Barrientos, tras consultar con Washington.

11. Cuatro miembros de la unidad guerrillera, en su mayoría enfermos, sobrevivieron la batalla del 8 de octubre y lograron escapar en dirección opuesta a la del grupo de Pombo. Fueron asesinados varios días después.

12. Allende acompañó a los combatientes a la Isla de Pascua —territorio chileno en el Pacífico a unos 3 700 kilómetros de la costa— y de allí a Tahití —territorio francés— para asegurar su seguridad.

13. La Operación Mambí fue parte del esfuerzo infructuoso de realizar una zafra sin precedentes de 10 millones de toneladas de azúcar en 1970.

preparar tierras para cultivos, pero no abandona la esperanza de ayudar a los revolucionarios que reanudan la lucha en Bolivia. La muerte de Inti en Cochabamba frustra sus propósitos.[14]

La artillería lo tendría como político, la Academia de las FAR *Máximo Gómez* como uno de sus alumnos, la Brigada de la Frontera en Guantánamo como su jefe principal, hasta que es recibida la petición de ayuda al movimiento revolucionario por la liberación de Angola.

Va y viene tantas veces que resulta imposible precisarlo. En su larga hoja de servicios figuran exploraciones, operaciones contra bandidos en Cuando Cubango, combates en Cangamba y Cuito Cuanavale. Así transcurre su vida desde 1981 a 1990, en que se queda permanente en el país del cono sur africano hasta la retirada total de las tropas internacionalistas cubanas.

Hay nostalgia cuando habla del poco tiempo dedicado a la familia, a sus hijos Harry Andrés, que ya tiene 32 años, Gabil Ernesto de 21, Pombo Alejandro, que cumplió 13 y Yara Celia, la linda benjamina de 8.

En sus 55 años recién cumplidos, el general de brigada Harry Villegas Tamayo, ahora jefe de la sección política del Ejército Occidental, acumula una historia difícil de igualar pero recalca no sentirse héroe. "Creo que he hecho lo normal de un revolucionario. Trato siempre de actuar con la lealtad y la dedicación desinteresada a la humanidad que me enseñaron desde la adolescencia Fidel y el Che".

Afirma no estar viejo. Para él la lucha no ha concluido y continuará defendiendo la obra inmensa de la revolución.

---

14. Inti Peredo fue asesinado por efectivos del ejército y de la policía bolivianos el 9 de septiembre de 1969.

"A quienes creen que no valió la pena les digo que si vieran con cuánto respeto nos ven por el mundo, si sintieran lo que he sentido yo cuando visito algún país para hablar del Che, se darían cuenta que el mundo reconoce esa gloria, que es de todo el pueblo cubano".

CONTINUIDAD Y PROGRAMA COMUNISTA

¡Nuevo!

La lucha contra el odio antijudío y los pogromos en la época imperialista

Lo que está en juego para la clase trabajadora internacional

V.I. LENIN, LEÓN TROTSKY
FARRELL DOBBS, JAMES P. CANNON
JACK BARNES, DAVE PRINCE

El odio antijudío y los pogromos —como el que Hamás desató el 7 de octubre de 2023— hoy son parte de las permanentes convulsiones sociales y guerras de la época imperialista. Por eso, combatir el odio a los judíos es decisivo para la clase trabajadora y las naciones oprimidas de todo el mundo. Los autores responden a la pregunta primordial: *Qué hacer para ponerle fin* de una vez por todas. US$10. También en inglés y francés.

Ya superamos el punto más bajo de la resistencia del pueblo trabajador

El Partido Socialista de los Trabajadores mira hacia adelante

JACK BARNES, MARY-ALICE WATERS, STEVE CLARK

El orden global impuesto por Washington tras su victoria en la Segunda Guerra Mundial se está desmoronando. Se acabó el largo repliegue de la clase obrera y los sindicatos. Los patrones y su gobierno aumentan sus ataques a nuestros salarios, condiciones y derechos constitucionales. Este libro destaca las oportunidades para forjar un partido obrero de masas capaz de dirigir una lucha que ponga fin al dominio capitalista y abra paso a un futuro socialista para la humanidad. US$10. También en inglés y francés.

¿Son ricos porque son inteligentes?

Clase, privilegio y aprendizaje en el capitalismo

JACK BARNES

US$10. También en inglés, francés, persa, árabe y griego.

TAMBIÉN RELACIONADOS CON ESTE LIBRO...

Las mujeres en Cuba: Haciendo una revolución dentro de la revolución

VILMA ESPÍN
ASELA DE LOS SANTOS
YOLANDA FERRER

La integración de las mujeres a las filas y dirección de la Revolución Cubana fue parte inseparable de la trayectoria proletaria de esta desde el principio. Esta es la historia de esa revolución y cómo transformó a las mujeres y los hombres que la hicieron. US$17. También en inglés, persa y griego.

Pombo: A Man of Che's guerrilla

With Che Guevara in Bolivia, 1966–68

(Pombo: Un hombre de la guerrilla del Che; Con Che Guevara en Bolivia, 1966–68)

Un diario y relato de la guerrilla en Bolivia dirigida por Ernesto Che Guevara. El autor, miembro del estado mayor de Che en Bolivia y luego general de brigada en las Fuerzas Armadas Revolucionarias de Cuba, dirigió a los cinco guerrilleros sobrevivientes que eludieron el cerco por parte del ejército boliviano y fuerzas de inteligencia norteamericanas. En inglés. US$20

Cuba y la revolución norteamericana que viene

JACK BARNES

Un libro sobre el ejemplo del pueblo cubano: que una revolución socialista no solo es necesaria sino es posible. Sobre las luchas del pueblo trabajador, y los jóvenes atraídos a ellas, en Estados Unidos, donde hoy las fuerzas gobernantes descartan las capacidades revolucionarias de los trabajadores tanto como descartaron las del pueblo cubano. Y de forma igualmente errada. US$10. También en inglés, francés y persa.

PATHFINDERPRESS.COM

MÁS LECTURA

El trabajo, la naturaleza y la evolución de la humanidad

La visión larga de la historia

FEDERICO ENGELS, CARLOS MARX
GEORGE NOVACK
MARY-ALICE WATERS

Sin comprender que el trabajo social, al transformar la naturaleza, ha impulsado la evolución de la humanidad durante millones de años, los trabajadores no podremos ver más allá de la época capitalista de explotación de clases que deforma todas las relaciones, ideas y valores humanos. Solo la conquista revolucionaria del poder estatal por la clase trabajadora podrá abrir la puerta a un mundo libre de la explotación capitalista, degradación de la naturaleza, subyugación de la mujer, racismo y guerras. Un mundo basado en la solidaridad humana. Un mundo socialista. US$12. También en inglés y francés.

Rebelión Teamster

FARRELL DOBBS

Sobre las huelgas de 1934 que lograron la sindicalización de camioneros y trabajadores de depósitos en Minneapolis y allanaron el camino para el movimiento social obrero que forjó los sindicatos industriales. El primero de cuatro tomos narrados por un dirigente central de estas batallas. US$16. También en inglés, francés, persa y griego.

El historial antiobrero de los Clinton

Por qué Washington le teme al pueblo trabajador

JACK BARNES

Lo que el pueblo trabajador necesita saber sobre el curso, impulsado por el lucro, que han seguido los demócratas y republicanos por igual en los últimos 30 años. Y el despertar político de los trabajadores que buscan entender y resistir los ataques de los gobernantes capitalistas. US$10. También en inglés, francés, persa y griego.

PATHFINDER POR EL MUNDO

ESTADOS UNIDOS
(y América Latina, el Caribe y el este de Asia)

Pathfinder Books, 306 W. 37th St., 13th Floor
New York, NY 10018

CANADÁ

Pathfinder Books, 7107 St. Denis, Suite 204
Montreal, QC H2S 2S5

REINO UNIDO
(y Europa, África, el Medio Oriente y el sur de Asia)

Pathfinder Books, 5 Norman Rd.
Seven Sisters, London N15 4ND

AUSTRALIA
(y Nueva Zelanda, el sureste de Asia y Oceanía)

Pathfinder Books, Suite 2, First floor, 275 George St.
Liverpool, Sydney, NSW 2170
Dirección Postal: P.O. Box 73, Campsie, NSW 2194